अल्फ़ाज़-ए-चैतन्य

"शायर"
चैतन्य उपाध्याय

BlueRose ONE.com
Stories Matter
NewDelhi • London

BLUEROSE PUBLISHERS
India | U.K.

Copyright © 'Shayar' Chaitanya Upadhyay 2024

All rights reserved by author. No part of this publication may be reproduced, stored in a retrieval system or transmitted in any form or by any means, electronic, mechanical, photocopying, recording or otherwise, without the prior permission of the author. Although every precaution has been taken to verify the accuracy of the information contained herein, the publisher assumes no responsibility for any errors or omissions. No liability is assumed for damages that may result from the use of information contained within.

BlueRose Publishers takes no responsibility for any damages, losses, or liabilities that may arise from the use or misuse of the information, products, or services provided in this publication.

For permissions requests or inquiries regarding this publication, please contact:

BLUEROSE PUBLISHERS
www.BlueRoseONE.com
info@bluerosepublishers.com
+91 8882 898 898
+4407342408967

ISBN: 978-93-6261-049-2

Cover design: Rishav Rai
Typesetting: Rohit

First Edition: April 2024

जीवन के हर एक पल को शायरी के रूप में पिरोया है...

चाहे वह आध्यात्मिक हो, प्रेरणा हो, प्रेम हो, मन की व्यथा हो...

अल्फ़ाज़ ए चैतन्य परमात्मा को समर्पित है...

भगवान हमेशा हमारे साथ हैं...

'शायर' चैतन्य उपाध्याय...

"शायर"
चैतन्य उपाध्याय

1.

मुस्कुराता हुआ चेहरा सभी का होना चाहिए..
मुस्कुराता हुआ चेहरा सभी का होना चाहिए..
मैं दुआ करता हु
सबके साथ इश्क़-इ-हमसफ़र होना चाहिए।

२.

इनकार करके इंतज़ार दे गए......
इनकार करके इंतज़ार दे गए......
मेरे सीने में तड़पता
हुवा प्यार छोड़ गए।

3.

इश्क़ कभी प्यार को समज नहीं पाया
इश्क़ कभी प्यार को समज नहीं पाया
जब पछताया प्यार के पास ही आया।

५.

ना सर्दी दिखी...
ना धुप दिखी...
ना बारिश दिखी...
ना सर्दी दिखी...
ना धुप दिखी...
ना बारिश दिखी...
तुजे पाने की ख्वाइश में
ना अपनी ख्वाइश दिखी।

5.

मत रोया कर लोगों के तानों से......
मत टुटा कर इंतेहा की मार से......
मत रोया कर लोगों के तानों से......
मत टुटा कर इंतेहा की मार से......
हिम्मत रख , भरोसा रख
अपने हुनर के ख़ज़ाने पे।

6.

सब के दोष मिटाते मिटाते
खुद ही दोषी बन गये ......
सब के दोष मिटाते मिटाते
खुद ही दोषी बन गये .....
सब के आँसू पोछते पोछते
खुद के आँसू ही बह गए।

7.

मुझे जो हो रहा है
वैसा कुछ तुम्हे भी हो रहा है....
मुझे जो हो रहा है
वैसा कुछ तुम्हे भी हो रहा है....
आँखों के दरियो से.....
हसी के जरियो से...
जो इश्क़ है दिल से दिल तक
पॉच रहा है।

8.

सबने तकलीफो में छोड़ दिया है
मेरा साथ....
सबने तकलीफो में छोड़ दिया है
मेरा साथ....
मगर मेरी कोशिशों मे
प्रभु ने ही पकड़ रखा है मेरा हाथ।

9.

रख हौसला ,रख जूनून
अपनी कोशिश पे ......
रख हौसला ,रख जूनून
अपनी कोशिश पे ......
नाज़ होगा तुजे एक दिन
यही कोशिश पे। ....

10.

प्रयत्न करना मेरी आदत है....
प्रयत्न करना मेरी आदत है....
लक्ष्य तक पोहचना
मेरी चाहत है।

11.

मेहनत की आग को ऐसा जला
की जलनेवाले भी जल उठे। .....
मेहनत की आग को ऐसा जला
की जलनेवाले भी जल उठे। .....
कामियाबी का परचिम
ऐसा लहरा की हॅसनेवाले
भी सलाम ठोके। .....

12.

आत्मा का जो परमात्मा से
मिलना है.....
आत्मा का जो परमात्मा से
मिलना है.....
वही सुकून-ऐ-चाहत का
खिलना है.....

13.

तेरे पहले दीदार का ख्याल
आज भी मन में चल रहा है......
तेरे पहले दीदार का ख्याल
आज भी मन में चल रहा है......
ये इश्क़ आज भी तेरे
एहसासो मे पल पल जी रहा है। ....

१४.

स्वर्ग से उतरी प्यारी सी वो
हूर है.....
मेरे दिल के धड़कनो से भी
वो बढ़कर है...
स्वर्ग से उतरी प्यारी सी वो
हूर है.....
मेरे दिल के धड़कनो से भी
वो बढ़कर है...
मेरे बचपन की साथी
मेरे सुख दुःख की यारी
मेरी छोटी सी बेहेन आज
मुझसे कोसो दूर है।

15.

मेरी धड़कनो पे...
तेरे दीदार की जो बारिश हुई
मेरी धड़कनो पे...
तेरे दीदार की जो बारिश हुई
अब तुजे पाने की
तुजे चाहने की
दिल से ख्वाइश हुई।

16.

दूर हो रही है सब माया...
कर्म से छूट रही है काया...
जब मैं माँ गंगा
के किनारे आया...
दूर हो रही है सब माया
कर्म से छूट रही है काया
जब मैं माँ गंगा
के किनारे आया...
शुकुन पे शुकुन स्नान
करके मिला...
तृप्त मन का हर एक
खोना हुआ....
माँ गंगा का आशीर्वाद
में पाया।

17.

जन्मो जनम से ही
ये रूह को जिसके दीदार की तृष्णा...
जन्मो जनम से ही
ये रूह को जिसके दीदार की तृष्णा...
वह ही है मेरे प्राण प्रिय कृष्णा...श्री कृष्णा...श्री कृष्णा....

18.

दूसरो पे उम्मीद रखे लोग बैठा करते है...
दूसरो पे उम्मीद रखे लोग बैठा करते है...
हम तो महादेव के सहारे रहते है
जो भी परिस्थिति हो
सदैव खुश रहते है।

19.

अंधेरो में से उजालो
की तरफ लाये। ...
अज्ञान भरे मन को
ज्ञान से भरे। ...
अंधेरो में से उजालो
की तरफ लाये। ...
अज्ञान भरे मन को
ज्ञान से भरे। ...
जब जीवन में
मार्ग दर्शन के लिए
कोई गुरु अये। .

20.

मेरी परिस्थिति देख के
सब गए मुझे छोड़...
मेरी नाकामियाबी का ताना देके
दिल तोड़....
मेरी परिस्थिति देख के
सब गए मुझे छोड़...
मेरी नाकामियाबी का ताना देके
दिल तोड़....
मगर ये समय में भी
साथ खड़े है
मेरे राजा रणछोड़।
मेरे राजा रणछोड़।

21.

कितनी यादें कितनी बाते
पुरानी सोच रहा हु ....
कितनी यादें कितनी बाते
पुरानी सोच रहा हु ....
ये सब सोच के भी
ये क्षणभर के सफर को
क्यु बर्बाद कर रहा हु।

२२.

आसमान से ऊँचा लक्ष्य है मेरा
पानी से गहरा जूनून है मेरा...
आसमान से ऊँचा लक्ष्य है मेरा
पानी से गहरा जूनून है मेरा...
सारी कठिनाईओ को पार करके
सारी कोशिशों पे कोशिश करके
एक दिन ख्वाब पूरा करूँगा मेरा।

23.

नयी ऊर्जा का हो इब्तिदा
संकट की घडिया हो जाये स्वाहा...
नयी ऊर्जा का हो इब्तिदा
संकट की घडिया हो जाये स्वाहा...
जब आशीर्वाद पाऊ
नीम करोली बाबा का। ..

24.

ये तेरी मेरी से
ये नोक झोंक से
दिल-ओ - दिमाग थक गया है....
ये तेरी मेरी से
ये नोक झोंक से
दिल-ओ - दिमाग थक गया है.....
अब ये सब से दूर कही
सुकून भर उड़ जाना है। ...

25.

मंजिल तक पहुंचने की तलब ऐसी है...
मंजिल तक पहुंचने की तलब ऐसी है...
सब कुछ लूट गया
मगर तलब वही है।

26.

इस सफर में एक मकसद लेके निकला हूं...
इस सफर में एक मकसद लेके निकला हूं...
थोड़ा मैं लड़खड़ा रहा हूं
थोड़ा खुद को संभल रहा हूं
मगर धीरे धीरे मकसद
के करीब पहोच रहा हूं।

27.

इतना भरोसा रखो खुद पे
इतनी महेनत करो दिल से...
इतना भरोसा रखो खुद पे
इतनी महेनत करो दिल से...
चाहे कोई भी कुछ कहे
चाहे कोई भी कुछ सुनाये
मगर खुद का मनोबल ना
डगमगाए।

28.

इश्क की बारिश ऐसी हुई मुझ पे...
इश्क की बारिश ऐसी हुई मुझ पे...
चाहत में भीग तो गए
मगर अब तक सूख न पाए।

29.

कितना दर्द , कितना अंधेरा
छा गया है ज़िन्दगी पे...
कितना दर्द , कितना अंधेरा
छा गया है ज़िन्दगी पे...
अब तो शक हो रहा है
खुद की भक्ति पे।

30.

सुख में करदे जीवन का हाल
जड़से मिटादे दुःख का काल...
सुख में करदे जीवन का हाल
जड़से मिटादे दुःख का काल...
जब दिल-ओ-दिमाग बोले
जय महाकाल। जय महाकाल।

31.

शिव ही मेरी प्रार्थना है...
शिव ही मेरी आराधना है...
शिव ही मेरी प्रार्थना है...
शिव ही मेरी आराधना है...
शिव से ही मेरे हृदय का
धड़कना है।

32.

शिव ही मेरी उम्मीद है...
शिव ही मेरा सहारा है...
शिव ही मेरी उम्मीद है...
शिव ही मेरा सहारा है...
शिव के बिना मुझे
ना किसी पे भरोसा है।

३३.

खेलनी हो मेरे साथ जितनी भी चाल
भुना हो मेरे खिलाफ जितना भी जाल...
खेलनी हो मेरे साथ जितनी भी चाल
भुना हो मेरे खिलाफ जितना भी जाल...
मगर याद रखना
महादेव बनके खड़े है मेरी ढाल।

34.

जब तक ये शरीर में रहे जीव...
जब तक ये शरीर में रहे जीव...
तब तक दिल की धड़कनें कहती रहे
शिव..... शिव..... शिव....

35.

जीवन में किसी का साथ मिले ना मिले...
जीवन में किसी का साथ मिले ना मिले...
मगर भोलेनाथ का साथ
हरदम रहे।

36.

बुरे समय में सबने बुरा भला कहा
मेरा तिरस्कार किया...
बुरे समय में सबने बुरा भला कहा
मेरा तिरस्कार किया...
मगर महादेव ने ही मुझे
स्वीकारा मुझे अपनाया।

37.

तिरंगे से लिपट के मैं
रंगीन हो गया...
तिरंगे से लिपट के मैं
रंगीन हो गया...
मैं जवान शहीद होके
भी सबके दिल में
ज़िंदा हो गया।

38.

सारे विश्व में लहराए
हर भारतीयों का गर्व ये कहलाये...
सारे विश्व में लहराए
हर भारतीयों का गर्व ये कहलाये...
त्रिरंगे की आन के लिए
मेरे प्राण ही क्यों न जाये।

39.

देश की मैं शान बनू...
देश की मैं पहचान बनू...
देश की मैं शान बनू...
देश की मैं पहचान बनू...
कुछ ऐसा करू की सारे जहा में
देश का नाम मैं रोशन करू।

40.

उम्मीद भरी रोशनी
सुकून वाली हंसी...
उम्मीद भरी रोशनी
सुकून वाली हंसी...
महादेव को पा के मिली सारे
संसार की ख़ुशी।

५१.

मेरे नमस्कार पे भी तिरस्कार मिला
मेरे उपकार पे भी अपमान मिला...
मेरे नमस्कार पे भी तिरस्कार मिला
मेरे उपकार पे भी अपमान मिला...
मगर सदाशिव से ही
मुझे प्यार मिला।

४२.

महादेव की भक्ति का
ऐसा चढ़ा है फितूर...
महादेव की भक्ति का
ऐसा चढ़ा है फितूर...
के महादेव के बिना
कुछ नहीं आ रहा नज़र।

43.

शिव ही मेरी पहली ख्वाहिश है
शिव ही मेरी आखिरी ख्वाहिश है...
शिव ही मेरी पहली ख्वाहिश है
शिव ही मेरी आखिरी ख्वाहिश है...
शिव के सीवा इस जीवन की
ना कोई ख्वाहिश है।

४४.

समस्या हटे समाधान मिले
आलस्य मिटे ऊर्जा खिले...
समस्या हटे समाधान मिले
आलस्य मिटे ऊर्जा खिले...
जब महाकाल की शुभकामनाये बरसे।

45.

कितनी उपासना की ,कितनी प्रार्थना की...
कितनी साधना की ,कितनी आराधना की...
कितनी उपासना की ,कितनी प्रार्थना की...
कितनी साधना की ,कितनी आराधना की...
तब जा के महाकाल के आशीष
की प्राप्ति हुई।

46.

दूर हो गया दुख का समय
पास आ गया सुख का समय...
दूर हो गया दुख का समय
पास आ गया सुख का समय...
जब ये हृदय महाकाल
में हो गया तन्मय।

47.

चांद तक भर ली है हमने उड़ान...
चांद तक भर ली है हमने उड़ान...
सारे विश्वने देख लिया
भारतीयों के जूनून का आसमान।

48.

शिव ही प्रेम का सागर है...
शिव ही मोक्ष का द्वार है...
शिव ही प्रेम का सागर है...
शिव ही मोक्ष का द्वार है...
शिव के बिना जीवन अंधकार है।

49.

जैसे पानी में हो चंदन...
जैसे कार्य में हो शुकन...
जैसे पानी में हो चंदन...
जैसे कार्य में हो शुकन...
वैसे भाई बहन के प्यार का
बंधन रक्षा बंधन।

50.

धागों से बंधा ये एहसास है
भाई बहन का रिश्ता ये ख़ास है...
धागों से बंधा ये एहसास है
भाई बहन का रिश्ता ये ख़ास है...
ना छल है, ना कपट है
ना लोभ है, ना लालच है
सिर्फ दिल-ए-बंधनो का
विश्वास है।

57.

हर सांस में , हर आस में
महादेव है...
हर एहसास में , हर विश्वास में
महादेव है...
हर सांस में , हर आस में
महादेव है...
हर एहसास में , हर विश्वास में
महादेव है...
मेरे जीवन के एक एक क्षण
में महादेव है।

52.

माया का दूर हो अंधेरा
मोह का मजबूर हो सवेरा...
माया का दूर हो अंधेरा
मोह का मजबूर हो सवेरा...
जब हृदय में धड़कते
हो कन्हैया ।

53.

सुखो की हो सुखमति...
दुखों की हो दुर्गति...
सुखो की हो सुखमति...
दुखों की हो दुर्गति...
जब जीवन में ए
विघ्नहर्ता गणपति।

54.

श्री कृष्णा मेरी चाहत है...
श्री कृष्णा मेरी राहत है...
श्री कृष्णा मेरी चाहत है...
श्री कृष्णा मेरी राहत है...
मेरी पहली और आखरी
श्री कृष्णा ही इबादत है।

55.

अंधेरो भरी ज़िन्दगी में
ना कोई उम्मीद है...
अंधेरो भरी ज़िन्दगी में
ना कोई उम्मीद है...
मेरे सीवा मेरी ना कोई मदद है।

56.

मन मौन है...
शरीर समाधी में है...
मन मौन है...
शरीर समाधी में है...
क्या कहु ह्रदय की
धड़कने शिव में है।

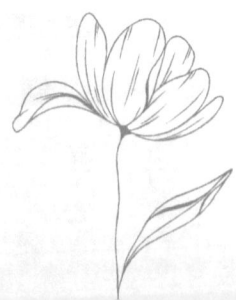

57.

उलझने उलझा रही है...
तड़पने तड़पा रही है...
उलझने उलझा रही है...
तड़पने तड़पा रही है...
क्या कहूं मेरी यादें
बुला रही हे।

58.

आपकी एक झलक से
सुकून पाए हृदय का धाम...
हर दिशा में चल रहा
है एक ही नाम...
आपकी एक झलक से
सुकून पाए हृदय का धाम...
हर दिशा में चल रहा
है एक ही नाम...
जय श्री राम
जय श्री राम
जय श्री राम।

59.

सुकून पाए मेरे नैना
गुजरे ना अब ये रैना...
सुकून पाए मेरे नैना
गुजरे ना अब ये रैना...
अब कुछ नहीं कहना
श्री राम जी को ही निहारना।
श्री राम जी को ही निहारना।

60.

मेरे प्राण है जिनका नाम
उनकी भक्ति ही मेरा काम...
मेरे प्राण है जिनका नाम
उनकी भक्ति ही मेरा काम...
वोह है मेरे श्री राम।
वोह है मेरे श्री राम।

61.

देखकर श्री राम जी को नजरे
नहीं हट रही...
देखकर श्री राम जी को नजरे
नहीं हट रही...
दुःख दर्द दूर हुआ
एक हसी जो श्री राम जी की
मैंने पायी।

62.

दुख दर्द पीड़ा दूर हो जाए...
दुख दर्द पीड़ा दूर हो जाए...
जब श्री रामजी की एक झलक
मिल जाये।

63.

जीवन में कुछ मिले ना मिले...
जीवन में कुछ मिले ना मिले...
बस अंतिम क्षण में
मेरे राम मिले।
मेरे राम मिले।

64.

देखकर श्री राम जी को
आंसू ख़ुशी के निकल आये...
देखकर श्री राम जी को
आंसू ख़ुशी के निकल आये..
जो मेरे ज़ख्म थे हृदय
के आज भस्म हो चले।

65.

श्री राम जी की हंसी देख के
हृदय को मिली ख़ुशी...
श्री राम जी की हंसी देख के
हृदय को मिली ख़ुशी...
क्या कहु सारे मन
के मलालो को आज जा के
मिली मुक्ति।

66.

जिंदगी दरदिया है बेदर्दिया है
क्या कहु.....
ये मोह माया का दरिया है...
जिंदगी दरदिया है बेदर्दिया है
क्या कहु.....
ये मोह माया का दरिया है...
डूबना नहीं है
अपनी मेहनत से तैर जाना है।

67.

हृदय के एक एक कण को शांति मिली...
हृदय के एक एक कण को शांति मिली...
जब श्री रामजी के चेहरे पे
मुस्कान दिखी।

68.

आंखों में श्री रामजी की ऐसी छाई
है छबि...
आंखों में श्री रामजी की ऐसी छाई
है छबि...
की मैं बन गया श्री रामजी
का कवि।

69.

कितनी भी बार में जन्म लूं
कितनी भी बार में मर लूं..
कितनी भी बार में जन्म लूं
कितनी भी बार में मर लूं..
बस श्री रामजी का ही दास बनु।
बस श्री रामजी का ही दास बनु।

70.

मेरे हर रटन में श्री राम है...
मेरे हर जतन में श्री राम है...
मेरे हर रटन में श्री राम है...
मेरे हर जतन में श्री राम है...
क्या कहु मेरे हर भजन
में श्री राम है।

71.

मेरी आंखों को मिल गया आराम...
मेरे विचारों को लग गया विराम...
मेरी आंखों को मिल गया आराम...
मेरे विचारों को लग गया विराम...
जब दिख गए मुझे श्री राम।
जब दिख गए मुझे श्री राम।

72.

तुमसे ही मेरा इश्क है...
तुमसे ही मेरी आशिकी है...
तुमसे ही मेरा इश्क है...
तुमसे ही मेरी आशिकी है...
क्या सीना चिर के देखोगी
मेरी दीवानगी।

73.

श्री राम जी की एक झलक से फलक मिल गया...
श्री राम जी की एक झलक से फलक मिल गया...
मेरा ये जीवन असफल था
आज सफल हो गया।

74.

मुख पे मेरी इतनी प्रसन्नता है...
हृदय में मेरी इतनी कुशलता है...
मुख पे मेरी इतनी प्रसन्नता है...
हृदय में मेरी इतनी कुशलता है...
श्री रामजी को मिलने की
जो व्याकुलता है।

75.

हृदय को खिले सुकून
मन को मिले आराम...
हृदय को खिले सुकून
मन को मिले आराम...
जब शरीर का एक एक
कटरा बोले श्री राम .....
श्री राम ..... श्री राम .....

76.

मेरी दौलत शोहरत मेरे
श्री राम है ......
मेरी चाहत इबादत मेरे
श्री राम है .....
मेरी दौलत शोहरत मेरे
श्री राम है ......
मेरी चाहत इबादत मेरे
श्री राम है .....
जो मैं जी रहा
एक एक पल में
श्री राम है ....
श्री राम है ....
श्री राम है ....

77.

श्री राम जी के दर्शन से ह्रदय
तृप्त हो गया...
श्री राम जी के दर्शन से ह्रदय
तृप्त हो गया...
जो सारा मन में मेल था
वह लुप्त हो गया।

78.

मन रहे जब उदास...
जीने की न रहे प्यास...
मन रहे जब उदास...
जीने की न रहे प्यास...
तब श्री राम नाम को
बनालो अंतिम स्वास।

79.

श्री राम जी के चरण में शरण
मिल जाए...
श्री राम जी के चरण में शरण
मिल जाए...
यह कर्मों के जाल से
मुक्ति मिल जाए।

80.

श्री राम ही ख़ुशी का अनुराग है...
श्री राम ही हसी का राग है...
श्री राम ही ख़ुशी का अनुराग है...
श्री राम ही हसी का राग है...
क्या कहु श्री राम ही
ज़िन्दगी चलाने की आग है।

87.

दुनिया में है सारे माया
भरे प्रेम...
दुनिया में है सारे माया
भरे प्रेम...
बस एक ही प्रेम जो
सात्विक है परमात्मा प्रेम ....
परमात्मा प्रेम ....
परमात्मा प्रेम ....

82.

श्री राम जी की क्या चमक है...
श्री राम जी की क्या झलक है...
श्री राम जी की क्या चमक है...
श्री राम जी की क्या झलक है...
श्री राम जी ही मेरी धड़कनो
की धड़कन है।

83.

श्री राम जी की क्या बात कहूं
श्री राम जी को मिलने को तरसु...
श्री राम जी की क्या बात कहूं
श्री राम जी को मिलने को तरसु...
और दिन रात श्री राम जी
का भजन करू।
श्री राम जी का भजन करू।

84.

चाहत को मेरी समझो जरा...
मोहब्बत को मेरी परखो जरा...
चाहत को मेरी समझो जरा...
मोहब्बत को मेरी परखो जरा...
प्यार को प्यार देदो
पूरा।

85.

मेरी हर सांस में श्री राम जी की प्यास है...
मेरी हर आस में श्री राम जी की अरदास है...
मेरी हर सांस में श्री राम जी की प्यास है...
मेरी हर आस में श्री राम जी की अरदास है...
क्यूंकि मेरी धड़कनो का
एहसास श्री राम जी का
दास है।
श्री राम जी का दास है।

86.

शुरुआत करदी है मंजिल तक
पहुंचाने की...
चाहे रास्ता मुझे रास्ता देगा
या नहीं...
शुरुआत करती है मंजिल तक
पहुंचाने की...
चाहे रास्ता मुझे रास्ता देगा
या नहीं...
मुझे लक्ष्य तक पोहचना है
बस पोहचना है , हर हाल में
पोहचना है।

87.

सफर जो कहा ले जाये
प्यार के करीब ले जाये...
सफर जो कहा ले जाये
प्यार के करीब ले जाये...
पहले तड़पाये,
फिर मुस्कुराये,
मगर हमसफ़र से मिलाये।

88.

मिल गया इतना प्यार
के नहीं कर पाया इनकार...
मिल गया इतना प्यार
के नहीं कर पाया इनकार...
क्यों की मुझे भी हो
गया आपसे प्यार।

89.

ना ज़ख्म भरता...
ना आराम होता...
ना चैन दीखता...
ना सुकून खिलता...
ना ज़ख्म भरता...
ना आराम होता...
ना चैन दीखता...
ना सुकून खिलता...
जब तक लक्ष्य तक
न पहोचे तब तक जिया
को ना राम मिलता।

90.

अपमान से ज्यादा सम्मान दे दिया
नफ़रत से ज्यादा प्यार दे दिया...
अपमान से ज्यादा सम्मान दे दिया
नफ़रत से ज्यादा प्यार दे दिया...
ये कृपा है प्रभु की
इंतेज़ार के बाद सफलता
का दीदार दे दिया।

91.

हर जगह ढूंढोगे प्रेम...
स्वार्थ भरा पाओगे प्रेम...
हर जगह ढूंढोगे प्रेम...
स्वार्थ भरा पाओगे प्रेम...
पर अपनी आत्मा में
ढूंढोगे प्रेम तोह मिलेगा
परमात्मा प्रेम ......
परमात्मा प्रेम .....

92.

श्री रामजी की इनायत ऐसी बरसी...
की सफलता भी मुझे पाने को तरसी...
श्री रामजी की इनायत ऐसी बरसी...
की सफलता भी मुझे पाने को तरसी...
और मेरी मेहनत है,
वह किस्मत को देख के
मुस्कुराई।

93.

जीव इधर उधर की आस में है
जिव चैन और सुकून की प्यास में है...
जीव इधर उधर की आस में है
जिव चैन और सुकून की प्यास में है...
मगर हकीकत में,
जिव शिव की तलाश में है।

९४.

दिनों के नाथ...
भक्तो के भोलेनाथ...
दे दो ये आत्मा को आपका साथ...
दिनों के नाथ...
भक्तो के भोलेनाथ...
दे दो ये आत्मा को आपका साथ...
और बनालो अपना खास
मेरे शंकरनाथ।

95.

माँ की ममता ऐसी पायी
हर मुश्किलों में सुकून
ही सुकून बरसाई......
माँ की ममता ऐसी पायी
हर मुश्किलों में सुकून
ही सुकून बरसाई......
जब मैं कुछ नहीं था
तब वही मेरे लिए
दो वक़्त की रोटी लायी।

96.

उड़ान जो है हुनर की...
शान जो है कर्मो की...
उड़ान जो है हुनर की...
शान जो है कर्मो की...
सब को क्या खबर,
ये आग है कितने लम्हो की।

97.

मेरे ख्यालों में बह रही हो...
मेरी बातो में आ रही हो...
मेरे ख्यालों में बह रही हो...
मेरी बातो में आ रही हो...
क्या कहु,
आज भी तुम मेरे सिने में
धड़क रही हो।

98.

चाहतो का मैं दरिया हूँ...
वफाओ का मैं अस्मा हूँ...
चाहतो का मैं दरिया हूँ...
वफाओ का मैं अस्मा हूँ...
मेरी मोहब्बत को समजो ज़रा,
मैं ही तुम्हारा हमनवा हूँ।

99.

श्री कृष्ण की बातों से
मन चिंता से चैतन्य हो जाये...
श्री कृष्ण के ख्याल से
हृदय वन से वृन्दावन हो जाये...
श्री कृष्ण की बातों से
मन चिंता से चैतन्य हो जाये...
श्री कृष्ण के ख्याल से
हृदय वन से वृन्दावन हो जाये...
सोचो कितनी खुशी हो,
जब आत्मा को श्री कृष्ण मिल जाये।

100.

रूह को रूहानियत मिल गयी...
मन को महानियत मिल गयी...
रूह को रूहानियत मिल गयी...
मन को महानियत मिल गयी...
श्री राम जी को पाके,
सारी कायनात मिल गयी।

101.

आप ही प्यार...
आप ही संसार...
आप ही पालनहार...
आप ही तारणहार...
आप ही प्यार...
आप ही संसार...
आप ही पालनहार...
आप ही तारणहार...
मेरे महाकाल आरम्भ से अन्त
तक आप ही मेरे मुक्ति द्वार।

www.ingramcontent.com/pod-product-compliance
Lightning Source LLC
La Vergne TN
LVHW041615070526
838199LV00052B/3156
9789362610492